하늘은 내게

The Heaven Is To Me

정찬우 한·영 대역시집
Poems of Chan-Woo Chung A New Collection

하늘은 내게
The Heaven Is To Me

시·정찬우(鄭燦宇)
Written by Chan-Woo Chung; Poet, MBA

번역·최홍규(崔鴻圭)
Translated by Hongkyu Choe; Poet, Ph.D.

밀레

Rm 210 Seoktap officetel Building
53 gil 18, Hyoryoung-ro, Seocho-gu, Seoul, Republic of Korea.
Telephone ; 82-2-588-4671~2
Facsimile ; 82-2-588-4673
E-mail ; hyunwoot@hanmail.net
ISBN ; 978-89-97815-27-2
Price ; USD 12,70
Published in January 2021
Printed in the Republic of Korea

이 도서의 국립중앙도서관 출판예정도서목록(CIP)은 서지정보유통지원시스템 홈페이지(http://seoji.nl.go.kr)와 국가자료종합목록 구축시스템(http://kolis-net.nl.go.kr)에서 이용하실 수 있습니다. (CIP제어번호 : CIP2020051141)

서문

세월과 역사만큼 두려운 것이 없듯이 우리들의 삶 또한 그러하다. 역사는 세월만큼 쌓이기 마련이고 노력만큼 실력도 오르기 마련이다. 나는 깊고 넓은 사상과 철학의 삶 속에서 인성과 지성으로 세상을 밝혀가는 시(詩)를 쓰고자 하는 갈증에 허덕이고 있다.

지성과 감성, 자질과 노력의 공허를 느끼면서도 습관적으로 써 내려간 자아(自我)의 시적감수성으로 한 편 한 편 모아 순수와 현실을 중화시킨 새로운 작품들을 세상에 내보내면서 일종의 성취감을 느낀다.

시대와 공간을 뛰어넘는 시의 꿈을 꾸면서 한국문학을 세계에 알리고자 꾸준히 노력하고 있다. 지금까지 여섯 번째 시집을 한·영대역 판으로 발행했다. 이 시집 역시 세계 여러 나라의 주요 공공도서관과 주요 대학도서관에 계속 증정하겠다. 국내외의 독자 여러분의 성원에 감사드린다.

끝으로 중앙대학교 영문학과 최홍규 명예교수님에게 진심으로 감사드린다. 최 박사님은 지난 30여 년 동안 나의 시집 6권을 모두 한국어 원문에 충실하면서 수려하게 영어로 번역하셨다. 그 최 교수님의 노고와 배려 덕분으로 한국문학의 세계화라는 나의 꿈이 상당한 정도까지 실현되었음을 밝히며 기쁘게 생각한다.

2020. 12. 20. 우면산 기슭 의석서재(義石書齋)에서
의석 정찬우(義石 鄭燦宇)

PREFACE

As there is nothing more fearful than time and history, so our living is. History has accumulated as much as time competency improves as much as effort. I have lived in deep and broad thoughts and philosophy.

With personality and intellect I write poems to brighten the world. The new poems whose purity and reality has been neutralized by the poetic sensibility. In that sense I feel an achievement of my effort. Beyond age and space I dream better poems. In order to introduce Korean poems to foreign countries I have executed my mission. The sixth collected poems are published in the edition of two languages of Korean and English as before.

I have been donating those books in major public and university libraries in the world since 1991. The merit has gradually bloomed and appreciated. The expectations result in unaccountable fruitfulness. I truly thank the readers home and abroad for their approach my poems.

Finally I am sincerely grateful to Professor emeritus Hongkyu Augustine Choe who had been Professor of Poetry at Chung-Ang University in Seoul, Korea for more than 30 years. Dr. Choe has refinedly translated of all the six volumes of my collected poems into English. Owing to his endeavor and solicitude, my dream of the globalization of Korean literature has come true to a considerable extent.

December, 20, 2020
At the Euisuk Library near the foot of
Mt Woomyun Seochogu Seoul, Korea
Euisuk Chan-Woo Chung

• 목차 •

제2부 그대, 별이 되어

제2부 You Become a Star

제3부 그림자 되어

제3부 Becoming a Shadow

제4부 슬픔을 위하여

제4부 For Sorrow

第5部 침묵의 반란

제5부 Silent Rebellion

하늘은 의(義)로 살라하고
Heaven let me live with righteousness

산천은 도(道)로 살라하며
The mountain let me live morally

세상은 덕행(德行)으로만 살라하네
The world let me live only by virtue

▼

〈하늘은 내게 2〉
The Heaven Is To Me(2)

제1부 하늘은 내게

선율
— 야릇한 떨림이였으면

세상의 빛이 온통
빗줄기로 쏟아 붓던
어느 날
내 가슴 끝 처마를 스쳐 들려온
현(絃)과 활(活)이 빚어낸
아릿다운 아리아의 선율
울림과 떨림을 넘어
경의의 한을 뛰어 넘는다

슈베르트가, 바하가,
헨델이 그러했듯이
나 또한
음(音)이 빚어낸
감각의 끈을 놓지 못하고
선율로 빚어낸 원고지의 그늘에서
세월을 낚고 있다

머언 먼 어느 날
현(絃)과 건반(鍵盤)위의 선율처럼
작고 아름다운 내 마음의 향이
뭇 가슴을 울리는
야릇한 떨림이였으면

Melody

— If it would be a sweet trembling

The light of the world is all over
Poured out with rain
One day
The eaves at the end of
My heart have been heard
A string and a bow
A beautiful aria melody
Beyond the echo and trembling
Go beyond the limit of respect

Like Schubert, Bach, and Handel
I also
Created by sound
I can't let go off my senses
In the shadow of the manuscript
Created with melody
I am idling my time away

One day farther away
Like the melody on the strings and the keyboard
The scent of my small and beautiful heart
Could touch the hearts of many people
I wish it would be a sweet trembling.

하늘은 내게 1

하늘이 내게 주고자 하는 것은
영광과 찬미가 아니라
고통과 번민을 통해
또 다른 깨달음을 주고자 함이 아닐까

하늘이 내게 주고자 하는 것은
권세와 명예가 아니라
허약함과 초라함을 통하여
더 큰 영광을 주기 위함일 것이다

하늘이 내게 주고자 하는 것은
넘치는 사랑과 풍요함이 아니라
가난과 시련을 통하여
더 큰 주의 은혜를 주기 위함일 것이다

하여,
오늘의 아픔과 고통
번민과 나약함의 시련이
내일을 위한 영광의 찬미일 것이다

The Heaven Is To Me(1)

What Heaven wishes to give me
Is not glory and praise
Through pain and anguish
It might be just another awareness

What Heaven wishes to give me
Not power and honor
Thorough weakness and shabbiness
It might be greater glory

What Heaven wishes to give me
Not overflowing love and abundance
Through poverty and trial
It might be the greater grace of the Lord.

And so
Today's illness and pain
The trial of anguish and weakness
It might be a glorious hymn for tomorrow.

하늘은 내게 2

하늘은 의(義)로 살라하고
산천은 도(道)로 살라하며
세상은 덕행(德行)으로만 살라하네

사람 사는 세상 어디가나
존귀한 삶 일진데
그곳엔 언제나
의(義)와 도(道)와 덕(德)만 생성되는 곳

하여,
순수 앞에 겸손과 순종
정의 앞에 정화된 사상과 철학
인간 앞엔 맑은 심성의 효와 도를 다 함이니

하늘이 내게 준 귀한 생명
아낌없이 주고 아낌없이 사랑하여
그 날의 영광을 맞이하길

The Heaven Is To Me(2)

Heaven let me live with righteousness
The mountain let me live morally
The world let me live only by virtue

Wherever in the world people live
It must be a precious life
Always there
Only righteousness, morality and virtue are created

And so
Humility and obedience before purity
Thoughts and philosophy purified before justice
In human beings should be clear mind, filial piety.

The precious life the heaven gave me
Give generously and love generously
I wish to greet the glory of that day.

그리움이 있다는 건

삶의 일상에
영혼과 육신의 그리움이 있다는 건
얼마나 다행인가

살아있음이 생생하여 오늘이 즐겁고
보고픔이 존재하여 내일이 그리운 날
그리움이 있다는 건
얼마나 행복한 순간인가

밝고 어둠의 순환구조 속에
아련한 추억의 잔존이 꽃등으로 펼쳐지는 날
생각과 생각의 사이를 오가는
그리움이 있다는 건
얼마나 생기 있는 삶인가

그러다 먼 훗날
그리움이 잊혀지는 날
홀연히 떠난 그 높은 곳에서
하이얀 날개 짓으로 그대를 맞으리
영원한 삶을 위한
영혼의 몸짓을 그대와 함께 하리

That There Is Longing

In everyday life
That there is longing for soul and body
How lucky it is

Living is active and today is joyful
I miss tomorrow because I expect it
That there is longing
What a happy hour

In the bright and dark circular structure
The day when the remains of faint memories
Unfold the lamp of flowers
Between thoughts and thoughts
That there is longing
How lively life is

Then in the far future
The day when longing is forgotten
From that high place that suddenly left
I will greet you with white wings
For eternal life
I will be with you in the body of the soul.

살아야 하는 이유

신비의 햇살이 하루를 연다
태초의 하늘이 바람인 것처럼
지상의 품인 바다의 초상은
한갓 가냘픈 옹달샘의 물방울이었을

아득한 세월의 흔적 따라
과거와 현재와 미래가 하나인 것처럼
나의 하루가 시작된 오늘도
혼미한 영원의 역사를 낳고 있다

꿈으로 이루어지는 삶의 잔상
죽음과 생존이 이어진
영원의 삶을 살아야 하는 오늘

한 치의 여유와 보람에 합당한
시간을 살아야한다
비움과 존재의 가치를 깨닫는
영혼의 삶을 살아야한다

The Reason of Living

The mysterious sunlight opens the day
As if the original sky was the wind
The portrait of the sea, the bosom of the earth
It must have been a small drop of a small fountain

Following the traces of the past years
As if the past, present and future are one
Even today when my day began
We are giving birth to a faint eternal history

Afterimage of life made of dreams
Today we must live an eternal life
That has been connected with death and living

We have to live the given time along
The worthy amount of leisure and benefit
To realize the value of emptying and being
The worthy amount of leisure and benefit.

소나무

사철 푸르디푸른 가시 잎으로
하늘을 받혀든
억센 사나이

울울창창 산야를 덮고
도심에 나와
찌든 때를 낚는 구나

청산을 바랜
민초들의 한(恨)
낡고 추한 격랑의 세월들
네 가슴에 품은 액으로
말끔히 씻어다오

절개와 의지의 삶이
네 것이 아니더냐

A Pine tree

Four seasons with green thorn leaves
Holding the sky
A young strong man

Covering the mountains and fields
Out of the city center
You're wiping off stale filth

Desired the green mountains
The grudge of the folk
Old and ugly years of raging
With the liquid in your heart
Wash it cleanly

A life of fidelity and will
It was yours.

자화상

여명의 빛으로 태어나
철따라 꽃피고 열매 맺혀
황홀한 삶 피웠건만

세월의 무상함이
은빛 여울을 쓰고 내려 앉아
뒤돌아 본 생애(生涯)

온갖 추억들 모아 모아
퍼즐로 꿰어보지만
아쉬움만 서산을 넘나들고 있어

시간의 호흡 계절의 순환이
바뀌고 바뀔 때 마다
소복이 쌓여든 나만의 역사

한 잎 두 잎
차곡차곡 모아
향 짙은 여운으로만 남고 싶다

A Self-portrait

Born in the light of dawn
Flowers bloom and bear fruit seasonally
I achieve an ecstatic life

The impermanence of time
Sit down with a silver shoal
A life that looked back

Gather all kinds of memories
I try to put it through a puzzle
Only regret is crossing west mountain

The cycle of seasons is the breathing of time
Whenever it changes and changes
My own history filled with luck

One leaf and two leaves
Gather up
I only wish to remain with a deep scent.

여보게 친구

세월이 유수인가
시간이 은하인가
자네가 벌써 칠순이라니

어찌 어찌 바쁘게 살다보니
아직도 이팔청춘으로 살았건만
자네가 칠순이라니
나 또한 그 고개가 아닌가

인생길 한(恨) 많다더니
참으로 덧없는 게 인생이네 그려

어떤 친구는 벌써 훨훨 날아 하늘에 있다니
우리 또한 그 곳에 갈 날이 멀지 않았구먼 그려

여보게 친구
우리 사는 날까지 아옹다옹 바둥거리지 말고
한 잔 술에 취하여 시(詩) 한 수 읊으면서
그렇게 그렇게 즐기면서 살아가세 그려

Dear Friend

The time is flowing water
Is time the Galaxy?
You're already seventy years old.

How can I be busy
I still lived as a young man
You're seventy years old
I am also seventy years old

I heard that there are much grudge in life
Life is what's so fleeting

Some friends already flew to the sky
It's not long time for us to go there

Dear friend
Until the day we live let's not be so competitive
Let's drink and recite the poems
Let's enjoy living like that.

사람이 그리운 날에

태양에 빛이 있고
꽃에 향기가 있듯
사람에게도 저마다의 향기가 있다

어떤 이는 강하고 곧은
어떤 이는 나약하고 흐린
어떤 이는 온화하고 다정한 인상에

그러면서도
짙고 옅은 라일락과 국화 향이
수선화와 들꽃처럼 은은하고 산뜻한 향을
살며시 뿌려주는 이가 있다

살다보면
그리운 사람, 보고픈 사람이 있듯
나의 색과 향이 무엇인지 알 수 없으나
있는 듯 없는 듯 은은한 들꽃으로 피어
뭇 사람의 가슴에 남고 싶다

The Day I Miss People

There is light in the sun
Like a flowers has a scent
Each person has its own scent

Some are strong and straight
Some are week and faint
Some people have a gentle and friendly impression

And then
A dark and pale lilac and chrysanthemum scent
A refreshing scent like daffodils and wild flowers
There is a one who gently sprinkles

In life
As if there are people I miss and want to see
I don't know what my color and scent are,
It blooms with soft wild flowers as if there is or not
I want to remain in the hearts of everyone.

천상의 숲

마음이 무거운 자 여기로 오라
씨 뿌려 가꿔 지상의 낙원 이루어 놓고
생로병사 지친 가슴 허약함만 남았으니
한(恨)을 불러 가슴에 묻는 구나

마음이 가난한 자 여기로 오라
조상의 얼 받들어 드높은 꿈 이루었으나
후손의 도리 다하지 못한 인고의 죄
천륜이며 인륜으로 이룬 사랑 있나니

마음이 떨리는 자 여기로 오라
일생에 쌓은 탑, 세상의 빛들
가볍고 무거운 짐 다 내려놓고
평화롭고 여유로운 천상이 여기 있나니

마음이 화려한 자 여기로 오라
따뜻한 가슴 인술의 보고 이곳에 모여
사랑과 헌신의 지극정성 보살핌에
꽃 피고 새 우는 천상의 낙원 이곳이나니

The Heavenly Forest

Those of heavy heart come here
Born on the earth sowing and cultivating
Seeds to make a paradise on the earth
Ages remains only the weakness of the sick heart
Calls regret and buries it in my heart

Those whose heart is poor come here
The high dreams of the ancestors fulfilled
The sin of hard work of the descendants
There is love of natural law and human duties

Those whose heart trembles come here
Towers built in lifetime are the lights of the world
Put down all the light and heavy loads
There is a peaceful and relaxing heaven here

Come here with a brilliant heart
The warm heart of medicine treasure gathered here
In the supreme care of love and dedication
This is a heavenly paradise
Where flowers bloom and birds cry.

가야할 길

세월지고 가는 인생
한 생(生)을 살았으나
내 가야할 길 어디인지 몰라
아직도 헤매 인다

생각과 마음의 길이 다르고
행동과 의지의 길이 다르니
이 또한
모순(矛盾)에 모순을 짊어진 삶이 아닌가

길고도 짧은 인생
무에 그리 어려워
길을 찾지 못 하는가

한(恨)과 욕심만 버리면
그 길이 곧 무릉도원인 걸

The Way to Go

A life is passing by along with time and tide
Although I have been living a life
I don't know where I should go
I am still wondering

Thought and mind have different ways
The way of action and will are different
This also
Isn't it a life that carries contradictions?

A long and short life
What is so difficult
Can't find the way

If you just throw away grudge and greed
That road is Mureungdowon.

나무처럼

무심(無心)의 관능으로
무언(無言)의 표상으로 서서
무한한 세상의 온갖 바람 다 지켜보며
그렇게 그렇게 살고 싶다

홀로이 뿌리내려
외로울 것도 슬플 것도 없이
철따라 바뀌어가는 얼굴로
그렇게 그렇게 살고 싶다

뽑히고 잘리어도
운명이라 생각하고
푸르른 잎새 떨구며
속살 찌우는 즐거움으로
그렇게 그렇게 살고 싶다

Like a Tree

With the sensuality of detachment
Standing as a representation of silence
With all the winds of the infinite world
I wish to live like that

Rooting alone
Nothing to be lonely or sad
With a face that changes with the season
I wish to live like that

Even if it is picked and cut off
I think it's fate
Falling green leaves
With pleasure in the heart
I wish to live like a tree.

10초가 주는 행복

눈을 뜨면
닫는 행복보다
여는 불행을 만끽하며 하루를 산다

길을 걷다, 운전 하다,
대화를 하다가도
화가 먼저 치밀어 상처를 주고 받는다

화는 주는 것이라 생각지만
결국 받는다는 사실을 모르고 산다

화는 감정의 표출이며 발로의 표현
한 번 참고 눈 감아
묵언(默言)으로 표현하면
씁쓸한 분노는 오수(午睡)에 잠들어
입가엔 미소가 꽃피워
향기로 퍼지는 것

내게서 퍼져나간 그 향은
주변을 맴돌고 세상을 맴돌아
너도 나도 미소의 천국을 맞는 것

단, 10초의 침묵이
영원을 약속한 행복인 것을

Happiness that Ten Seconds Give

When I open my eyes
Then closing happiness
Live a day enjoying the opening unhappiness

Walking or driving
Even during conversation
Angry first exchanging wounds

I think that I should not give anger
I live without knowing that I receive it

Anger is the expression of emotions
Take it once and close eyes
When expressed in silence
The bitter anger falls asleep in the daytime
A smile blooms in the mouth
Spreading with fragrance

The scent that spread from me
It revolves around near place and the world
Both you and I greet in the heaven of smiles

However, ten seconds silence
The happiness that promises eternity.

어떤 이는 강하고 곧은
어떤 이는 나약하고 흐린
어떤 이는 온화하고 다정한 인상에

그러면서도
짙고 옅은 라일락과 국화 향이
수선화와 들꽃처럼 은은하고 산뜻한 향을
살며시 뿌려주는 이가 있다

▾

〈사람이 그리운 날에〉

제2부 그대, 별이 되어

묵향에 취해

생(生)의 연(緣)을 만나
현(絃)과 묵향에 취해
몽환의 책에 쌓이던 날

꽃다운 미소가
앙증스러운 손놀림으로
묵향에 베어 일필휘지(一筆揮之)를 긋는다

추사가 신사임당이
달빛으로 내려와
얼(魂)을 놓고 서 있다

그래,
그토록 찾아 헤매던 그대
그대가 바로
내 임인 것을

Drunk with Muk-hyang

Meet the life-long relationship
Intoxicated with strings and Muk-hyang
The day I cherish the books of dream

A flowery smile
With a small hand movement
Drunk with Muk-hyang
Drew with a stroke of a writing blush

Chusa and Shinsaimdang
Come down to the moonlight
Stand on the spirit

Yes, it is
You were wandering so much
You are just what I am.

이걸 어쩌나

어머, 이걸 어쩌나
난 이미 사랑에 빠졌나봐

연두 빛 유두(乳頭)가 터져
감성의 촉수가 피돌기로 살아나
뜨겁게 다가오니

닫는다고 닫히리 없고
받는다고 받히리 없지만
내 마음 흔들려 곤두박치니

부푼 가슴의 낙서가
광산을 이뤄 폭포수로 쏟아지나니
난 이미 이태백 인가봐

What about This

Oh my, what about this
I guess I fall already in love

The light-green nipples burst
Emotional tentacles live
As the circulation of the blood
It is coming hot

Closing does not close
I can't be beaten for beating
My heart shakes and plunges

The graffiti of the swollen chest
It pours into the waterfall of a mountain
I am already Taebaek Lee.

산다는 것은
— 인생이란

삶이란 꿈이 있음이요
꿈은 곧 희망이 있다는 것이니

희망이란 이상(理想)이 있음이며
이상은 곧 비전을
비전은 또한 인생의 목표가 있다는 것

꿈과 희망과 비전이 없다는 건
존재의 가치가 없는 죽음이요
그것이 살아 있음은 곧
눈에는 광채가 얼굴엔 활기가
몸엔 생동감이 활활 불꽃으로 피어나는 것

하여
꿈이 있다는 건 미래가 있음이요
인생의 멋이 하늘을 날고 있음이다

To live

— what is life

I have a dream of life
The dream is that there is hope

Hope is that there is reason
Reason is vision
The vision is that there is also a goal in life

Without dreams, hopes and visions
Death without the value of existence
If the value is alive
Brilliance in your eyes, vitality in your face
The vitality of the body blooms with a lively flame

And so
Having a dream means having a future
The beauty of life is flying in the sky.

아름다운 삶

삶이 아름다운 건
따뜻한 마음에서 오고

삶의 부유함은
넉넉한 마음에서 오는 것

하여,
용기는 용서에서
지혜는 깨달음에서
성공은 행함에서 오나니

인생의 행복은
단 한 사람의
진정한 사랑에서 오는 것이리

A Beautiful Life

Life is beautiful
It comes from a warm heart

The wealth of life
It comes from a generous heart

And so
Courage is from forgiveness
Wisdom is from awareness
Success comes from works

Happiness in life
Only one
It comes from true love.

모정이 남긴 씨앗

전쟁이 남긴 폐허가
허기와 굶주림으로 배를 채우던 시절
내겐 거지친구가 많았다

모정이 거둔 각설이 떼
때만 되면 줄을 이어 맴돌다
어머님의 손길이 스치면 눈처럼 녹아내린다

아이에서 어른까지
줄지어 기다리는 그들의 모습에
어머님은 늘 바쁘시기만 했다

명절에 입은 새 옷은
어느새 그들의 몸에 걸쳐있고
장난감과 학용품은 공동의 것이 되어버렸다

노동과 구걸의 진리를 일깨워주신
어버이 덕에
새 삶을 찾은 누더기의 형은
먼 먼 훗날
나의 은인이 되어있었다

The Seeds Left by Maternal Love

The ruins left by war
When filling stomach with hunger
I had a lot of beggar friends

The beggars that mother took care of
Circulate in a line when the eating time
It melts like snow when a mother's touch passes

From children to adults
The appearance of them waiting in line
Mother was always busy

New clothes for the holidays
It's all over their body
Toys and school supplies have become common

Who awakened the truth of labor and begging
Thanks to my parents
The ragged brother who found a new life
Distant future
Was my benefactor

사랑과 배품의 씨앗이 남긴
훈훈한 정
어버이의 혼(魂)이셨다

Left by the seeds of love and giving
Heartwarming
It was the soul of the parents.

세상의 숲으로 오라

마음이 무거운 자 여기로 오라
가슴 트이는 저 파도소리
물거품으로 일어난 세월의 때 벗어던져
맑은 하늘 우러러
소리 쳐보라

마음이 가난한 자 여기로 오라
황금빛 나부끼는 이 가을로
저 마다의 고운 옷 갈아입고서
세상 밖의 세상
풍요를 꿈꾸어라

마음이 떨리는 자 여기로 오라
금침으로 수 놓여 진 따뜻한 침상에
당신을 기다리는
가냘픈 여인의 뜰로
행복의 건반이 춤을 추리니

마음이 화려한 자 여기로 오라
꽃피고 새우는 봄날의 향기 찾아
들꽃처럼 은은한
초연의 향 피울 수 있도록
네 마음도 내 마음도 추수려 보라

Come to the Forests of the World

Those of heavy heart come here
The sound of the ocean waves that opens the heart
Throw off the time that happened with water bubbles
Looking up to the clear and bright sky
Try to shout

Those who have poor heart come here
To this golden fluttering autumn
Each one changes beautiful clothes
World outside the world
Dream of abundance

Those who have tremble heart come here
On a warm bed embroidered with gold needles
A warm heart waiting for you
To the garden of a slender woman
The keyboard of happiness will dance

Come here with a brilliant heart
The flowers bloom and the birds sing
Find the scent of spring
Soft like wild flowers
So that the incense can be burned
Try to handle nicely your heart and my heart.

행복하였네라

하루하루가 버거워 고갤 떨구고 있을 때
살며시 다가와 웃음 주던 당신

할 일 앞에 망설이고 서 있을 때
힘내라며 용기 주던 당신이

시련과 두려움 앞에 떨고 있을 때
할 수 있다며 자신감 안겨주던 당신

불평과 불만으로 원망하고 있을 때
너그러운 마음으로 이해심 일깨워준 당신이

아침 햇살에 새싹 돋듯
소망과 슬기를 가르쳐준 당신이

내 작은 가슴에 보석처럼 빛나는 은혜의 별들이
은하수로 쏟아진
당신의 고귀한 사랑을 가졌음에
행복하였네라
그리고 또
행복, 행복 하였네라.

I Was Happy

— To the Memory of My Beloved Wife

When day by day is overwhelming and my head is
dropping
You gently approached me and smiled

When standing in front of what to do
You who gave me courage to cheer up

When you are trembling in front of trials and fears
You who gave me confidence that I can do it

When complaining and complaining
You who reminded me of understanding with a
generous heart

Like a sprout in the morning sun
You who taught me hope and wisdom

The stars of grace shining like jewels in my small heart
Spilled into the milky way
Because I have your noble love
I was happy
And again
Happy, Happy.

아내의 자리

거친 숨 몰아쉬는 당신 앞에
아무것도 할 수 없는 자신의 무력함에
자책과 자학의 분노가 가슴을 친다

뜬구름 잡듯 집착해온
한 많은 애국애족의 철학과 사상 앞에
나 보다 먼저 앞장서 지지와 격려로
채찍질하던 당신

이제 당신의 도움 없이 그 커다란 짐
어찌 짊어지고 가야하나요

그리도 많던 애환들
말없이 혼자서 감당한 당신
아니, 너무도 무심했던 나 자신이
이렇게 원망스러울 줄이야

그 죄 값 어이 치르라
무언의 정(情)만 남긴 채
떠나야만 했나요
목메인 눈물이 세상을 무너뜨리네요

The Position of Wife

— To the Memory of My Beloved Wife

To the memory of My Beloved Wife
Listening my to your irregular and rough breath
Helplessly I could not anything
Self-reproach and torment hit my heart

Thinking over patriotism, and state
I scattered floating philosophies and thoughts
You supported and encouraged me

Now without your assistance
How can I bear the burden

There was delight and sorrow
You had managed to them willingly
I was thoughtless thoroughly
I bitterly regret my own carelessness

I am responsible for the failure
You have left silent affection
And you passed away suddenly
My sad tears wet the world.

침상위의 당신

침상위에 자리한 당신
드나드는 가족들을 살피며
집안일을 보살피던 그 모습

오늘도
그 모습 그대로 인데
왜 이리도 눈물샘이 멈추지 않나요

이미 예고된 삶이였음에도
애써 모르쇠로 잊으려했던
나 자신에 화가 치밀어 불꽃이 돋네요

오늘도 당신의 영정(影幀) 앞에
하염없는 눈물만 솟고
돌아서야하는 마음

후회한들 무슨 소용일까 마는
이리도 보고프고 그리운 마음
내 어이 살아가야 하나요

You Sit on a Bed

— To the Memory of My Beloved Wife

You sit on a bed in the living room
Greet family and take care of chores

Even today
The room is the same as it was
My tears do not stop dropping

Though there was am advance notice of life
I pretended not to know it
I am filled myself with fury myself of flames

Today before your photograph I weep
I might my eyes out
The returning heart tear off heartburning

It is too late to regret
Nevertheless I wish to see you in the Heaven
How could I live by myself?

그대, 별이 되어

그대, 별이 되어
밤마다 내 곁에 서서
슬픔도 그리움도 녹여
샛별로만 비쳐주길

밤하늘은 없어도 좋고
빛과 어둠 없어도 좋다
산과 강인들 무슨 소용이며
새벽녘 이슬과 인생의 찬미가 무슨 소용이드냐

그저
내 마음속 혼(魂)이 되어
샛별로만 서서 날 바라만 주오

You Become a Star

— To the Memory of My Beloved Wife

You become a star after death
You shine by my side every night
Melting sadness and longing
I hope that only the morning star will shine

It's alright without the night sky
Even without light and darkness
What is the use of the mountains and rivers
What good if the dew at dawn and the hymn of life?

And just
Become the heart in my heart
Just live like the morning star and look at me.

사랑의 진리

그리움이 많다는 건
외로움이 많다는 것이며
정과 눈물이 많다는 것 일거다

정과 눈물이 많다는 건
사랑을 위한 사랑보다
사랑을 주고 느끼며
그것을 음미하고 싶은 것 일거다

그러나 어찌하랴
그리움도 정도 눈물도 다 가졌으나
짜릿한 사랑 한 번 누리지 못하고
외로움만 질척대고 있으니

The Truth of Love

Much yearning is much solitude
It might be much sentiment and tear

Much sentiment and tear
Is not love for sake's love
But to give love and to savor of it

But what shall I do
Though I have all of yearning
Sentiment, and tear
I have not appreciated the pungent love
Only solitude is slushy for me.

회한(悔恨)의 벽

세월의 허무가
영육(靈肉)의 자유를 묶고 눕게 하여
어쩔 수 없는 선택의 길
요양병원에 모셨다

'여기가 어디냐
왜 내가 여기 있다 더냐
자식이 나를 여기에 버렸다'는
원망스런 노여움의 한 마디

자식의 가슴엔
통곡의 절규가 소나기로 퍼붓고
소리 없는 울부짖음은 지축을 흔든다

마지막 남은여생(餘生)
후회 없는 효(孝)를 다짐하지만
마음 따로 행동 따로
뒤늦은 후회가 무슨 소용일까

영원토록 사랑의 모습 함께 하고 싶지만
이제 고아가 되어버린 어리석은 자식은
하느님의 좌중에 편히 잠드시라는 기도문 뿐
소리 없는 흐느낌은 깊은 여진(餘震)으로만 떨고 있다

The Wall of Compunction

The vanity of time
Binds the freedom of body and spirit
It is unavoidable that
The son admitted Mother to convalescence hospital

"Where is here?
Why am I here?
My son might forsake me"
It's her reproachable saying

In the heart of the son
Wailing pours down like shower
Soundless crying shakes the earth

Though the son dutiful
To the rest of his Mother life
The son's intention and action
Does not consist at all
What's the use of the late regret!

Though eternally Mother and son should have lived
Now the foolish son became an orphan
It's only prayer peace in rest beside God
Soundless weeping is deep aftershocks.

내가 사랑하는 것들

장엄과 화려함 보다
소박하고 단정한
은은한 향이 스치는 것

힘과 권력보다
나약하고 허기져도
소신과 의지가 강한 정겨운 모습

사철 밝음만 추구하는 것 보다
허점 많고 지극히 인간적인
감미로운 언어로 무한한 채색을 가하여
감성을 자극하는 순수한 정

해맑은 웃음으로
사랑 주고 마음 주는
지극히 인간적인
지고지순한 참 사랑 뿐이란 걸

Things that I Love

Than grandeur and splendor
Ingenuity and tidiness
It is the faint scent passing by

Than strength and power
Even if it is weak and hungry
A compassion with strong belief and will

Rather than pursuing the brightness in all seasons
Looseness and extreme humaneness
In a sweet language of infinite coloring
Pure spirit that stimulates emotion

With a bright smile
Giving love and heart
Extremely humane
It is absolute pure, noble, and true love.

그대, 별이 되어
밤마다 내 곁에 서서
슬픔도 그리움도 녹여
샛별로만 비쳐주길

그저
내 마음속 혼(魂)이 되어
샛별로만 서서 날 바라만 주오

▼

〈그대, 별이 되어〉

제3부 그림자 되어

사랑이란

세상엔 무한 리필의 언어가 있다

이유도 대가도 없는
그러면서도 존재의 가치는
극에 달하는 말

가족관, 연인관, 국가관이 그렇듯
시작도 끝도 없는
믿음과 충성의 고귀한 언어

사랑,
그 위대한 존재여

What Love Is

There is an infinite refilling language in the world

Without reason or price
Yet the value of existence
Reaches the extreme language

As the views of family, lovers, and state
Neither beginning nor ending
Noble language of faith and loyalty

Love,
That great being.

사랑 1

불사조의 언어
사랑

받는 것 보다 주는 것
내가 먼저가 아닌 네가 먼저인 것
잡으려는 것 보다
존경과 믿음의 사물로 베풀어 태어나는 것

하여,
진실만이 허용되는
참 모습이 존재하는 것

Love(1)

The language of the phoenix is
Love

Giving rather than receiving
You are first, not I first
Than catching
Being born with respect and faith

And so
Only truth is allowed
The true appearance exists.

사랑 2

혼자가 아닌 둘의 존재
서로가 바라보며 같은 방향을 향하는 것

가다 넘어져도
서로를 일으켜 세워
위로와 화해와 배품의 정을 갖는 것

거짓이 아닌 진실만
배반이 아닌 믿음만
행복만이 아닌 불행까지도
내 것으로 껴 않는 것

그것만이 위대한 사랑의 존재라는 것

Love(2)

The existence of two who are not alone
Looking at each other
And pointing to the same direction

Even if one falls
Raise each other up
To have consolation, reconciliation, and giving

Only the truth not the falsehood
Faith dies not betray
Not only happiness but also unhappiness
Cuddling with mine

That is the only existence of great love.

그대에게

세월이 약이라 했든가요

잊으려 잊으려해도
잊혀지지 않는 안타까움
후회한들 무슨 소용 있으랴 만은
되돌아가고픈 사연
그대는 아실런지요

뉘우침과 깨달음에 물들게 한
그대의 역사
두 손 모아 무릎 꿇고 회개케 하소서

부모님께 못 다한 효심
못 다한 열정의 삶
하늘을 우러러 종달새처럼 지저귀게 하소서

참된 사랑의 진리
몸소 실천하여
그대가 바라는 삶
후회 없게 하소서

To You

Did you say that time is medicine?

I can't forget even if I try to forget
Unforgettable sadness
What good is the regrets?
The story I want to go back
Do you know

Stained with repentance and awareness
Your history
Put your hands together kneel and repent

Filial piety to parents
A life of unrequited passion
Look up to the sky and chirp like a lark

The truth of true love
Personally practice
The life you want
Let it not regret.

가족

가족이란 이름
떠올리기만 해도 가슴이 울렁거리고
부르기만 해도 눈시울이 적셔지는

한 걸음 더 나아가
혈육이란 맺음에는
몸과 마음뿐 아니라
생(生)과 사(死)를 함께하는 존재

너와 내가 없고
네 것 내 것이 없는
오직 하나만이 존재하는 사이

가족이란
그렇게 하나 되는 유일한 이름

A Family

The word named a family
Just thinking of it makes my heart beat
Just calling it makes eyes wet

One step further
In the conclusion of blood and flesh
Not only body and mind
A being who lives and dies together

Without you and me
Those are not yours or mine
While only one exists

What is a family
The only name that becomes one.

세상사는 모습

눈멀고 귀먹어
세상의 빛 볼 수 없어
흑백(黑白)을 모르고
등 굽고 손발이 짧아
세월의 시간 따를 수 없으니
속도감을 모르고
온 몸 굳고 비틀려 말문이 막혔으니
세상사는 암흑의 장
누가 알리오

그래도 의지만은 부러울 것 없는
정상인을 앞서가는 철인의 기백들
세상사는 모습 그렇게 달라도
곧은 의지와 철학으로 굳건히 살아가면
천지(天地)도, 비웃는 인간도
내 마음속에 노니는 것을

The Life in the World

I am blind and deaf
I can't see the light of the world
Without knowing black and white
My back bends and my hands and feet are short
I can't follow the fast time
Without knowing the speed
My whole body is hardened and twisted
I'm speechless and can't express it
The world is a dark field
Who knows

Nevertheless, the will has nothing to envy
Iron man's spirit gets ahead of normal people
Even if the life in the world is so different
If I live firmly with a straight will and philosophy
The heaven and earth, and people who laugh at me
Would be my hands and heart.

그림자 되어

필연이 인연되어
한 몸 이룬 지난 세월
처음이 끝이듯
한 마음으로 살리라

하늘이 서로를 가른다 해도
그대의 그림자 되어
함께하리라

가깝지도 멀지도 않는
그만한 거리에서
나 항상 그대 위한 노예로
한 생을 살리라

먼 먼 훗날
이승을 떠나 천상에서도
후회 없는 삶 이었다 소리치며
그대의 그림자로 남으리라

Becoming a Shadow

Inevitably
The past years of being one body
As if the beginning is the end
We will live with one heart

Even if the sky separates each other
Become a shadow
We will be together

Neither near nor far
At that distance
I'm always a slave for you
I will live a life

In the far future
Leaving this world being in the Heaven
I will say that it was a life without regrets
I will remain as your shadow.

오월의 환희

세월 접고 누운 하늘엔
봄꽃이
향을 발하고
들녘엔 작은 풀들이 모여 앉아
벌레들의 낙원이 된다

생명의 환희를 이룬 오월
저마다 꿈에 젖어 한껏 분탕질을 치며
꽃향기에 취해 소리치지만
젊음도 한 때
파릇한 생의 축복 절정의 계절에
소생하는 오월의 섭리

꽃 떨군 자리에 피어나는
연둣빛 꿈
무한공간에 장엄한 녹색 희망을 펼칠
그 날의 영광
오월의 찬미여

The Rapture of May

The sky holds time and lies
Spring flowers bloom
And spout off scent
In the field small grasses gather and sit
Become a paradise of bugs

May is the rapture of life
Each one gets wet with spring dreams
I shout at the scent of flowers
Youth is transient
Blessings of life in the peak season
The reviving providence of May

Blooming in the place where flowers fell
Light green dream
To unfold majestic green hope
In an infinite space
The glory of that day
Praise of May.

합창

세상사는 이치
모두가 하나인 것을
어찌 그대들의 목소리만 내려하는가
높은음자리표는 언제나 불안하며
낮은음자리표는 언제나 희망이 없어 보이는 것

세상 살아가는 이치
빠르게 느리게 쉬어가며
도도리표도 그어가는 그런 삶 일진데
너만이 튀어나오면 모두가 무너져
헝클어지고 비틀려 쉰 소리만 나는 것

우리 세월 지나 깨닫는 것은
독창이 아니라 합창인 것을
그대 좋은 목소리 한 박자만 줄여
모두의 하모니 맞추어 가면
세상은 밝고 명랑해지는 것

우리들 가슴 열어
손잡는 연습 열심히 하다보면
영성의 목소리로 하나가 되어
오라토리오의 화음으로 빛을 발하리

A Chorus

The reason for life in the world
That all is one
How can I just put down your voice
The treble clef is always anxious
The bass clef always looks hopeless

The reason for living in the world
Resting fast and slow
It's like a life that draws repeat sign
When only you pop out sounds everyone collapses
Inharmonious, twisted and hoarse sound

What we realize after our years
Not a vocal solo but a chorus
Reduce only one beat of your good voice
If everyone goes in harmony
The world becomes bright and cheerful

We open our hearts
If you practice holding hands together hard
Become one with the voice of spirituality
Shine with the harmony of the oratorio.

세월

바람에 휩쓸려간
앙상한 나목(裸木) 사이로
세월이 흐르고 있다

부딪히고 깨어져 흩어진
시간의 상념들이
소리 소리 지르며
허무를 낳고 있다

아쉬움과 절망이,
용기와 희망의 빛이 아니더라도
마음의 공허에서 오는
머나 먼 사색이 있어서이다

삶의 무게에 짓눌린
허무와 공허가 낳은
무채색의 씨앗이다

Time and Tide

Swept away by the wind
Through the bare trees
The years are passing

Crashed, broken, scattered
Thoughts of time
Screaming
Begetting nihility

Regret and despair
Even if it is not a light of courage and hope
Coming from the void of the mind
It is because there is a distant reflection

Crushed by the weight of life
Born of futility and emptiness
It is a colorless seed.

희수연(稀壽宴)

— 백발의 청춘들에게

개울가 뛰어 놀며
잠자리며 메뚜기 잡아 장난치던
코 흘리게 악동(惡童)들이

청운의 푸른 꿈을 안고
한양(漢陽)에 둥지를 틀어
젊음의 낭만도 뒤로 한 채
밤을 낮 삼던 교정의 불빛들

아득한 세월 지나
이 시대의 주역이 되어
자랑스러운 대한의 얼(魂)
인류사에 남겨 놓고

백발의 청춘으로 이 자리에 모였구나

참으로 자랑스럽고 영광스러운
그대들에게
축복의 안식과 평화의 메시지가 내려지리니

부디, 건강과 행복의 날만 뿌려 지소서
부디, 가정의 평화와 인류의 행복이
그대들의 가슴처럼 용솟음치게 하소서

The Celebration of Seventieth Birthday

Running and playing beside rural brook
Catching grasshoppers and dragonflies
Mischievous children with runny noses

Holding blue dreams of youth
Build a nest in Seoul
The romance of youth is put behind
The campus lights of day and night

Many years of endeavor have passed
Became the protagonist of this era
Be proud of Korea's spirit
Leave it in human history

We gathered here as youths with white hair

Truly proud and glorious
To you
A message of rest and peace of blessing will come

Have only the days of health and happiness
Please, family peace and human happiness
Let it soar in your hearts

나의 자랑
나의 행복
나의 친구들이여
영원하세나
우리 다 함께 영원하세나

Our pride
Our happiness
Our friends
Eternally
We all live forever together.

집념의 씨앗

지구촌 구석구석 널려 있는
세기의 도서관들엔
저마다의 민족의 뿌리 난무한데
오천년의 한민족 얼은 찾을 수가 없다

내,
그토록 바라던 무언(無言)의 희망이었건만
글을 읽지 않는 민족의 책
꽂아서 무엇 하냐는 핀잔 속에

뜻을 세워 뿌려 온
반평생 고난의 씨앗들
세기의 곳곳에 꽃향기로 넘쳐나
한민족의 혼(魂)으로 솟구친다

건곤감리(乾坤坎離) 태극기
세계의 하늘 펄럭이며
의지로 엮어낸 일생의 집념 하나
이제는 우리 코너 만들어 놓고
책 보내 달라 아우성이다

A Seed of Tenacity

All over the world
In the libraries of the century
The roots of each nation are deep
I can't find the Korean spirit of five thousand years

The program of book donation
Was the unspoken hope that longed for
In spite of the snub to setting books on shelves
Steadily I managed to the program

Seeds of half-life suffering
The scent of flowers overflows throughout the century
It rises as the soul of the Korean people

Taegeukgi that is Korea national flag
Flutter in the world's sky
One lifelong tenacity woven with will
Now let's make our corner
There is earnestness for book donation

뜻있는 자 믿음이 만든
조국의 얼(魂)
세세만년 꽃피고 향내 뿜어
열매로 뿌려진다

Made by faith
The spirit of the motherland
Flowers bloom and scent by the thousands of years
It is sprinkled with fruit.

새벽의 서울역

꿈으로 부풀렸던
암울했던 청춘의 시절
저녁 완행열차에 몸을 실어
덜커덩 덜커덩
새벽을 깨워 서울역에 내리면

어둠도 가시기 전
지게꾼이며 리어카가 줄지어 기다린다
실낱같은 한 짐의 수고에
목숨을 건 사람들

그곳은 언제나
삶의 전쟁터이며
삶의 활력을 안겨 주는 곳 이었다

눈이 번쩍이고
걸음이 아닌 날개 돋친 독수리의 현장
미래의 꿈이 생생히도 살아나는
젊은 날의 이상(理想) 이었다

Seoul Station at Dawn

Inflated with a dream
The dark days of youth
Getting on the slow train in the evening
Clattering, Clattering
I wake up the dawn and get off at Seoul Station

Before the darkness goes away
Porters wait in line with rear cars
To the labor of burden
Those risk their lives

There is always
Is the battlefield of life
It was a place that gives vitality to life.

Eyes flashed
The scene of a winged eagle, not a step
Dreams of the future comes to life
It was the ideal of young days.

가깝지도 멀지도 않는
그만한 거리에서
나 항상 그대 위한 노예로
한 생을 살리라

먼 먼 훗날
이승을 떠나 천상에서도
후회 없는 삶 이었다 소리치며
그대의 그림자로 남으리라

▾

〈그림자 되어〉

제4부 슬픔을 위하여

세월의 흔적

시간과 공간 사이엔
흔적이 남아
어제이고 오늘이며 내일이 존재한 것

세상사 크고 작은 모든 일들이
점 하나 지나면 과거이고
새로운 점 하나 찍으면 미래인 것을

집착과 여념으로 낭비치 말고
버리고 비우며 채워가는 여백이
꿈이 아니런가

오늘이 있기에 어제도 내일도 있는 것
새롭고 기쁜 마음으로
현재란 여백에 진한 채색을 남김이 어떠한 가

Traces of Time

Between time and space
Trace remains
Yesterday, today, and tomorrow exists

All things big and small in the world
After a dot it's the past
If you take a new point it is the future

Don't waste it with obsession and lingering
The margins that are filled with discarding and
emptying
Is it not a dream?

Because there is today, yesterday and tomorrow
With a new and joyful heart
How about leaving a dark color in
The margin of the present time.

낙서

가슴이 시리도록 낙서를 한다
기쁨도 슬픔도
고통도 번민도
자유와 진실로 아름다움을 위한
나만의 가슴앓이를 글로 쓴다

세상사가 그렇듯이
사랑과 그리움 또한 추억으로 새겨
그리고 지우며 낙서 아닌 낙서로
시(詩)를 쓴다

가슴에 남아있는
마지막 여운까지
토하고 토하며
무언의 정을 시로 쓴다

Doodle

I scribble to make my heart hurt
Neither joy nor sadness
Even in pain and anguish
Write my own heartburn

Like the ways of life
Longing is also engraved as a memory
Braw and erase it with graffiti instead of it
I write poems

Left in the chest
Until the last word
Vomiting and vomiting
Writes unspoken feelings in poems.

백지

— 메시지

하이얀 그리움이 있다
분명 그림도 글자도 있는데
보이지 않는다

아마도 무언의 시어(詩語)들이 꿈틀거리며
꽃 춤을 추고 있는지 모르겠다

바람이 일어서서 소리치며
가슴을 친다
기쁨인지 원망인지 알 수 없으나
무언가 분명 메시지가 보인다

통증을 느끼는 사색들이
앞 다투며 달려와
가슴을 휘젓는다

보이는 것
보이지 않는 것
모아모아 하이얀 여백에 남겨 두란다

A Piece of Blank Paper

There is a white longing
There are certainly pictures and letters
They are invisible

Perhaps unspoken poetic words wriggle
I don't know that they are dancing flowers

The wind rises and shouts
Beats the chest
I don't know if it's joy or resentment
Something clearly a message is seen

Thoughts who feel pain
Quarreling ran
Bend chest

Visible
Invisible
Collect and leave them on the blank paper.

소중한 사람

인연이란
만남의 역사에서 시작되는 것

만남은 우연이든 필연이든
운명적인 것

하여,
소중함의 원리를 귀히 여김은
참인간의 표상이리니

갈고 닦는 본심의 논거(論據)를
깊이 깨닫는 삶이 진리의 길임을

An Important Person

What is affinity
It begins in the history of meeting

Whether meeting is accidental or inevitable
It is destiny

And so
Valuation is the principle of value
Is a representation of a true man

The ground of the true intention
That is a life of deep understanding the way of truth.

인생이란

삶이 길어지면
깊이도 폭도 넓어지고

세월의 주름 앞에
삶의 지혜가 나이테로
늘어남이 보이며

젊은 날의 날카로움도
원형의 세계로 조명되어
유연한 심성으로 깃들어져

집착보다는 이해와 너그러움으로
비움의 논리와 철학을 가져
어느 순간
넘나볼 수 없는
사유(思惟)의 세계에 닿았음을 본다

What is Life

When life gets longer
There are both depth and breadth

Before the wrinkles of the years
The wisdom of life is an annual ring
I can see the stretch

The sharpness of young days
Illuminated by a circular world
With a flexible mind

With understanding and generosity rather than obsession
With the logic and philosophy of emptying
Any moment
Inextricable
I see that I have reached the world of thought.

까치

새벽에서 자정까지
무슨 사연 그리 많아
온종일
까악 까악 피울음 토하나

그리움 하나 세워두고
이 가지 저 가지 매달며
산울림으로 찍어대는
애달픈 사랑인가

앞산 뒷산 뜰을 돌며
가슴 풀어헤친
맺힌 한
메아리로 전 하려나

사무친 사연 있거든
처마 밑 전깃줄에 기대어
풀섶을 날으려므나

A Magpie

From dawn to midnight
There are so many stories
All day
Scream of vomiting blood

Leave a longing standing
Hanging from this and that branch
The valley echoes
Is it sorrowful love

Going around the garden and mountain
Unleashed chest
Condensed bitter feeling
Are you trying to convey with an echo?

You have a secret story
Leaning on the electric wire under the eaves
Fly to the grasses.

내가 사랑하는 것
— 사랑의 원리

어둠 보다는 밝음을
흐림 보다는 맑음을
실패 보다는 성공을
불행 보다는 행복을 사랑한다

허나
어둠 없는 밝음이
흐림 없는 맑음이
실패 없는 성공이
불행 없는 행복이 어디 있으랴

슬픔과 기쁨, 고통과 환희는
양극의 존재로 만이 빛이 나듯
추하고 어두운 음지를 사랑 할 수 있을 때
더 큰 사랑을 영위할 수 있음이리니

What I Love

— The principle of Love

Bright rather than dark
Sunny rather than cloudy
Success rather than failure
I love happiness rather than unhappiness

But
Brightness without darkness
Sunny without cloudy
Success without failure
Where is happiness without misfortune

Sorrow and joy, pain, and delight
As if only the presence of both extremities shine
When you can love the ugly dark shade
Because we can lead greater love.

슬픔을 위하여

마음의 평정을 잊을 때
미소가 사라져
가슴 아픔이 슬픔이라면

더 큰 괴로움
더 많은 고통의 길을 걸어
슬픔을 사랑 하여라

그 사랑 하다 하다 지치는 날
눈물이 거치고 빛이 쏟아져
한줄기 희망이 유성처럼 흐르고 흘러
삶의 평온이 내릴지니

슬픔에 의한
슬픔을 위한
슬픔을 사랑 하여라

For Sorrow

When you forget your peace of mind
The smile disappears
If the heartache is sadness

Greater suffering
Walk the path of more pain
Love sorrow

The day I'm tired of doing that love
Tears are lifted and light pours out
A ray of hope pours out like a meteor
The serenity of life will fall

By sadness
For sadness
Love sorrow.

의지의 삶

바람이 세월을 낚고
시간이 인성을 뿌려
정(情) 들어 깊어간
인연의 끈들

권력도 명예도 탐욕의 소유물들
올곧은 정신 앞엔 물거품으로 사라진
무지개의 꿈

깊은 맛
떡 갈진 정은
금력으로도 바꿀 수 없으니

생각과 의지
정으로 깊어진 사랑의 향을
바꿀 수는 없는 것

Life of Will

The wind catches the years
Time scatters the characters of people
Affection deepens
The ties of affinity

Possessions of power, honor, greed
In front of an upright mind, disappears as a bubble
Rainbow dream

Deep taste
Deep affection
You can't change it with financial power

Thought and will
The fragrance of love deepened with affection
Something that cannot be changed.

참사람의 길

어지러운 세상사
삼강오륜 되 뇌이며
안부 전화 한 통 더 해보라

눈뜨고 눈감으면 뒤바뀌는 세상인데
잘났다고 자만 말고
못났다고 자포자기 말라

갖을수록 겸손하고 없을수록 용기 내어
부족한 듯 남는 듯
덕(德)을 쌓아
효(孝)를 행하라

세상사 마음에 달렸으니
가볍고 여유롭게 즐기면서 꿈꾸어라
네 것이 내 것이며
내 것 또한 네 것이니
잠시 머물다가는 인생 탐하지 마라

나를 비워 채워지는 그릇
영광이요, 빛이며
축복의 탄성이리니

The Way of True Man

Dizzy world affairs
Repeating the three bonds and five moral
Disciplines in human relations
Telephone to ask how your friends are doing

It's a world that changes when you
Open your eyes and close your eyes
Don't just say that you're good
Don't just despair that you are ugly

The more you have the more humble you are
The more courage you have
It seems to be insufficient
Build up virtue
You should be filial

It's up to the heart of the world
Dream while enjoying leisure
Yours is mine
Mine is yours too
Don't covet life after staying for a while

A bowl filled with emptying me
Glory and Light
It is a an exclamation of blessing.

사계(四季)

갈무리의 계절엔
알곡의 수확이 풍요를 주듯
산야의 열매는
야생의 삶을 피워낸다

회오리친 바람은
검붉은 세상 뒤덮어
백의(白衣)를 갈아입고
여유로운 새 생명의 찬가를 부른다

한 톨의 씨앗이 싹티워
싱그럽고 파릇한 새 생명의 텃밭이 되듯
젊음과 낭만은
희망의 꿈으로 생동할지니

작열하던 태양처럼 부풀어 올라
용기와 정열로 이룬
젊음의 환희를 꽃피게 하여
밝고 아름다운 꿈을 펼쳐라

The Four Seasons

In the season of autumn
Just as the harvest of grain gives abundance
The fruit of the mountain
Helps the wild life

The whirlwind
Covering the dark red world
It changed white clothes
Sing a leisurely hymn of new life

A seed sprouted
Like becoming a fresh and green garden of new life
Youth and romance
Will live with a dream of hope

Like the burning sun it swells up
Courage and passion
To make the joy of youth bloom
Spread bright and beautiful dreams.

그 사랑 하다 하다 지치는 날
눈물이 거치고 빛이 쏟아져
한줄기 희망이 유성처럼 흐르고 흘러
삶의 평온이 내릴지니

슬픔에 의한
슬픔을 위한
슬픔을 사랑 하여라

▾

〈슬픔을 위하여〉

제5부 침묵의 반란

진리의 가치

아름답고 싶거든
고운 마음 행하고
즐겁고 싶거든
마음 비워 웃음을 선사하듯

친구가 필요하면
마음 열어 먼저 손 내밀고
사랑이 필요하면
진심이 통하도록 마음을 움직이듯

행복 하고 싶거든
나를 비워, 비움으로 가득 채우고
존경 받고 싶거든
배품과 낮은 자세로 임하는 것처럼

진리의 가치란
이 모든 것을 행하고 이룸이며
죽음도 감내할 수 있을 때 존재하는 것

The Value of Truth

If you wish to be beautiful
Act with a good heart
If you wish to have fun
Empty your mind and give a smile

If you need a friend
Open your heart and reach out your hand first
If you need love
Move your heart so that sincerity communicates

If you wish to be happy
Fill your heart
If you wish to be respected
You should be in a low posture

What is the value of truth
To do and accomplish all those virtues
The value exists when you can endure death.

호국의 영웅

바람도 구름도
숙연한 자세로
눈시울을 적시는 이 날

외딴 골짜기 마다
영혼으로 살아 숨쉬는
조국의 아들을 본다

불의와 붉은 피의 제국을 막기 위한
너의 혈기
너의 뜨거운 가슴은
오늘을 숨 쉬게 하는 자유의 상

보라! 세세만년
헛되지 않는 너의 영혼
너의 역사는
풍요와 낭만과
사랑의 조국애로 꽃피워지리니

그 꽃
피워 피워
세상을 물들게 하는 날
조국과 민족의 얼
우주를 감 쌓으리니

The Heroes of the Fatherland

Winds and clouds
In a quiet attitude
This day wets the eyes

In every remote valley
Breathing is the soul
See the sons of the fatherland

To defend injustice and violation
Your blood
Your hot heart
Statue of freedom to breathe today

See! Forever
Your soul that is not in vain
Your history,
With abundance and romance
Will bloom with love of the fatherland

That flower
Blooms and blooms
The day that colors the world
Spirit of the fatherland and nation
Will embrace the universe.

정의는 죽었는가

사상과 철학이 총상을 입고
마음은 파편에 부서져
불구의 인생을 살고 있다

살아있음이 죽음이요
죽음이 지옥이 되어
망령을 안고 벙어리가 되어 버린 세상

무지의 불량배들은
광화문과 여의도를 점령하고
적폐란 이름 아래
세상을 붉게 물들이고 있다

가진 자와 갖지 않은 자의 삶이 아니라
아는 자와 무지한 자의
색깔론의 삶만 존재하는 세상이다

말과 행동이 다른
미래 보다 복수의 날을 세운
눈멀고 귀가 먼 위정자들에
무서운 칼을 들 자 누구이든가

Is Justice Dead

Thoughts and philosophy have hurt
Heart is broken in fragments
Live a life of disability

Life is death
Death becomes hell
A world that has become mute with a ghost

Ignorant bullies
Occupying Gwanghwamun and Yeouido
Under the name if deep-rooted evils
It is a sort of contradiction and contravention

Not the lives of those who have and have not
Of the learned and the ignorant
It is a world where only life of color theory exists.

Different mouth and behavior
Set a day of revenge than the future
To the blind and deaf rulers
Whoever has a scary sword.

용설란

잎도 아닌 것이 줄기도 아닌 것이
가시는 왜 달려
치맛바람 일으키나

세기를 돌아 한 번 웃고
하루가 바빠 돌아서는
용의 미소 띤 꽃의 입술

누굴 위한 삶이며
누굴 위한 웃음인지
생의 환희를 볼 수 있으려나

An Agave

It is neither a leaf nor a stem
Why does it bear thorns
Does it cause a skirt wind?

It turns around the century and laugh once
One day is busy and it turns around
Dragon's smiling lip of flowers

For whom is the life?
For whom is the smile?
Can you see the joy of life?

한강

태백산 줄기 타고
굽이굽이 돌고 돌아
모이고 이어져 내린 시냇물들

세월의 강줄기 되어 유유히 흐르고 흘러
두 물 머리 하나 되는 한강이 되어
반도의 젖줄로 태어난
유구한 민족혼이여

수많은 외침과 전쟁의 참상에도
굴하지 않는 반도의 자존이
너로 부터 이뤄졌나니
민족의 기상이며 선혈의 피로 일군 이 땅에
구석구석 흘러내려 혈맥을 잇게 하라

민족의 숙원인 통일로 이어져
세세만년 영원토록 길이길이 흘러라

The Han River

The Han River rises from Mt. Taebaek
The river winds through plains and valleys
The streams are gathered and continued

The river has been flowing through millions of years
The Han River becomes one with two streams of
water
Born as the lifeline of the Korea Peninsula
The soul of a nation with a long history

Despite the numerous invasions and the horrors of war
The pride of the Peninsula
Has benefited from you
The spirit of the nation and the blood of ancestors
Let it flow down every corner and connect the blood
of nation stream

Leading to unification that's the longing
May the river flow down eternally.

한강의 밝은 빛

개천이 냇물이 되고
냇물이 모여 강을 이루듯
두 물 머리 하나 되어 이루는 한강

반도의 맥을 잇고 유유히 흘러내려
민족의 정기로 태어난 반도의 젖줄
이제 세기를 호령할 그 날이 밝았나니

남과 북을 잇는 수많은 다리 넘어
잃었던 민족의 역사 하나가 되는
새 역사 창조의 주역으로 흘러라

빛으로 물결로 광채를 띄워
조국의 자존 민족의 자존
한껏 드높여
세기의 평화가 한강에 싹트리니

The Bright Light of the Han River

A brook becomes a stream
Like streams gather to form a river
The Han river is made up of two streams of water

It flows slowly through the veins of the peninsula
The lifeline of the peninsula is the spirit of the nation
Now the day has come to command the century

The numerous bridges connect north and south
Becoming one of the lost history of the nation
Flow as the protagonist of creating a new history

Brilliance with light and waves
The pride of the motherland and the nation
Elevate fully
The peace of the century will sprout in the Han River.

침묵의 반란

의식(意識)은 있되 입이 없고
입은 있되 의식이 없는 존재

양심(良心)은 있되 힘이 없고
힘은 있되 양심이 없는 존재

세상엔
이런 무지갱들의 천지가 된지
이미 오래

법과 질서란 자유민주의 정의는 어디가고
음모와 모략과 선동의 적패들이 춤추는 세상

옳고 그름도 판단치 못한 권력의 시녀들
지성의 지성이란 법과 언론의 제왕들

그대들 누굴 위한 삶이었으며
누굴 위한 힘의 상징이었더냐

소리 없는 선민(善民)앞에
양심과 법의 진리를 깨닫고
혈을 토하며 할복(割腹)함이 자랑스럽지 않는가

Silent Rebellion

There is consciousness but no mouth
A being who has a mouth but is unconscious

There is a conscience but no power
A being with power but no conscience

In the world there are
The heaven and earth of the ignorance
Already long

Where is the democracy of law and order?
A world where conspiracy, insult, and agitation dance

Maids of power who couldn't judge right or wrong
The law of intelligence and kinds of media

It was a life for you
Was it a symbol of strength for whom?

In front of the silent gentle people
Conscience and the truth of the law
Aren't you proud of vomiting blood and dying?

멈춰선 강

— 멈춰선 한강의 기적

태백의 줄기타고
도도히 흐르던 반만년의 강줄기
자유와 민주의 토대 위에
산업화의 민족혼으로 우뚝 서서

한강의 기적 일구어 놓고
자만과 교만의 축에 빠져
이념과 사상의 늪에 멈춰버린
대한의 기적들

오천년 역사 이래
유일한 태평성대
이념과 촛불의 대열로
잃어버린 탕평의 안목(眼目)들이여

자유와 평화가 핵으로 밀리고
경제와 민주가 노동으로 밀려나
선심으로 파괴시킨 복지의 허상들

역사의 오류는
갈등과 반목의 노여움에서 오는
어리석음의 이념논쟁

The Stopped River

The Han River starts from the Mt. Taebaek
The river has been flowing five thousand years
On the foundation of freedom and democracy
Standing tall as an industrialized national spirit

After working the miracle of the Han River
Fell in the axis of pride and arrogance
Stuck in the swamp of ideology and thought
Miracles of Korea

Throughout five thousand year history
The only peaceful years
In the line of ideology and candlelight
The lost eyes of peace

Freedom and peace are pushed by the nuclear
Economy and democracy pushed away by labor
Welfare illusions destroyed by goodwill

The error of history
Coming from the anger of conflict
The ideological dispute of foolishness.

풍경(風磬)

추녀 끝의 물새가
산사(山寺)의 잠을 깨우듯
인연의 울음을 울어 댄다

때로는 새 소리로
때로는 천둥번개로
세상의 번뇌를 일깨우며
바람으로 춤을 춘다

춤이 범종으로 울어대면
부처를 향한 중생들이 모여들어
깊고 넓은 인연의 끈을 맺고

해탈(解脫)의 갓을 쓴 채
달관(達觀)된 삶의 울림으로 퍼진다

* 풍경(風磬) ; 처마 끝에 달린 경쇠

A Wind-bell

The waterfowl at the end of the eaves
Like waking up the sleep of the mountain temple
Crying out of affinity

Sometimes with a bird songs
Sometimes with thunder and lightning
Awakening the troubles of the world
Dances with the wind

When the dance cries out
Sentient beings gather around to the Buddha
With a deep and wide bond

Wearing a hat of salvation
It spreads through the reverberation of a farsighted
view.

독도(獨島)

동해의 푸른빛에
수수천년 유랑아(流浪兒)로 떠돌아
뭇 생명들의 길라잡이가 되고
안식처가 되어주던 곳

반도에 일출을 불러들여
민족의 기상을 부르짖던
조국의 배꼽으로 들어선 존재

깎이고 깎이인 가슴 드러내며
피눈물 쏟던 저 풍랑의 물보라들을 보라

오늘도 아랑곳하지 않는
괭이갈매기들의 평화로운 날갯짓
백의(白衣)의 기상이며
민족의 혼(魂)이 아니더냐

세세만년 푸르고 푸르른
대양의 동쪽에서
유구한 역사 일구는 혼 불로 서 있어라

Dokdo Island

In the blue light of the East Sea
Wandering as a nomad for thousands of years
Became a guide for all lives
A place that used to be a shelter

Bringing sunrise to the peninsula
Crying out for the spirit of the nation
Being in the navel of the motherland

Revealing the cut and cut heart
Look at the splashes of the storm of bloody tears

I don't care today
The peaceful wings of the black seagulls
It is the spirit of the white coat
Was it not the soul of the people?

Blue and green by thousands of years
East of the ocean
Stands in your soul for the long history.

세상이 무섭지 않느냐

인간의 삶이란
법과 질서
자유와 민주란 규율에 따르는 것

세상과 시대가 변한다 한들
법과 질서의 원칙은 변할 수 없음을
어이하여 촛불을 앞세워
망국의 길을 걷는다더냐

이 땅에 뿌리내린
애국애족의 자유민주주의 건국이념
조국의 상징 민족의 얼을 팽개치고
민중과 노동만 외쳐대는
붉은 무리가 그리도 좋다더냐

나라와 민족 잃은 한 매친 서러움
불바다의 보릿고개 알고는 있느냐
자유와 민주 잃고 촛불의 세례 앞에
노예로 시달려야 눈을 뜨려느냐

권력의 시녀들아
권력은 오직 선민의 것이며
너희들은 그 머슴이란 걸 잊었단 말인가

Isn't the World Fearful?

What is human life
Law and order
Freedom and democracy keep discipline

As long as the world and age change
Principles of law and order cannot be changed
Put a candle ahead
They were walking the path of rightness

Rooted in this land
Philosophy of patriotic liberal democracy
The symbol of the motherland
Only the people and labor
The group is so good

The sorrow of the nation
Do you know the barley pass of the sea of fire?
Freedom and democracy lost before the candles
I have to open my eyes after suffering as a slave

Maids of power
Power belongs only to the chosen people
You should know that you are the servants of the
power.

낙엽

여리고 여린 떡갈잎으로 온 화신(花信)
따갑고 아슬한 태풍을 견뎌온 네가
울긋불긋 색동옷 갈아입고
임 맞으려는가

푸르름의 용기와
나이테로 굵어진 세월도
찬 서리 바람의 무게를 견디지 못하고
또 다른 삶을 준비하는가

뒹굴고 밟히면서도
화려함과 쓸쓸함의 자존을 앞세운 넌
깊은 사색의 늪과 감성의 진리를
일깨우는 극치다

고통과 영광의 동반자 '당신'에게 고(告)함

— 정찬우論 —

정 신 재(문학박사, 문학평론가)

1. "하늘"의 상징성

정찬우 시인이 시집 『하늘은 내게』를 출간하였다. 필자는 이 책을 보면서 남다른 감회를 가지게 되었다. 이는 그가 세상의 질곡을 해쳐오면서 겪었던 이력을 어느 정도 알고 있기에 생긴 일이었다.

일반적으로 시에 대하여 말할 때 자아가 세계에 대하여 알아가는 과정을 형상화한 운율적인 장르라고 정의한다. 사실 자아가 세계에 대하여 느끼고 생각하는 것은 인간이라면 누구나 겪는 일이다. 그러나 시인이 겪는 것이 남다른 것은 거기에 인간미의 울림이 배어 있기 때문이다.

따라서 나는 시인의 시집을 대하면서 인간미가 어떻게 형상화 되었는가에 초점을 맞추어 보았다. 왜냐하면 나는 이제까지 여러 시집들을 해설해 오면서 인간미가 시인에 따라 진정성을 가지고 형상화된 것을 많이 보아 왔기 때문이었다.

그런데 시인의 시집을 대하면서 나는 그가 자신이 겪어온 아픔과 슬픔을 비유에 감추고 있는 것을 알게 되었다. 아마도 이는 시의 장르적 특성상 어쩔 수 없는 선택이었을 것이다. 그리고 그가 아픔을 시어 속에 감춘다는 것이 매우 힘든 작업이었음을 미루어 짐작할 수 있었다. 나는 그 흔적을 「까치」라는 작품에서 직감할 수 있었다.

새벽에서 자정까지
무슨 사연 그리 많아
온종일
까악 까악 피울음 토하나

그리움 하나 세워두고
이 가지 저 가지 매달며
산울림으로 찍어대는
애닮은 사랑인가

앞산 뒷산 뜰을 돌며
가슴 풀어헤친
맺힌 한
메아리로 전 하려나

사무친 사연 있거든
처마 밑 전깃줄에 기대어
풀섶을 날으려무나

— 〈까치〉 전문

여기서 '까치'는 시인을 대신하는 객관적 상관물이다. 그래서 시인은 한국 문화에서는 길조로 통하는 까치가 "까악 까악 피울음 토"한다고 표현해 놓았다. 그러나 그 까치의 울음 밑바닥에는 매우 깊은 한이 서려 있음을 짐작할 수가 있다. 어쩌면 거기에는 "산울림으로 찍어대는/ 애닮은 사랑"이나 "가슴 풀어헤친/ 맺힌 한"이 담겨 있을 것이다. 그래서 이왕 시집을 해설하려 나선 김에 그의 아픔의 흔적을 조금 들여다보려 한다.

2. 소년 시절 : "당신"의 인간미를 각인하며

정찬우 시인의 시세계는 맑고 고아하다. 그러나 그것은 단순한 고이함이 아니다. 거기에는 수심 성상을 담금질하여 우려낸 깊은 울림이 배어 있다. 그 울림은 여유와 사랑을 바탕으로 하여 숙성된 것으로서, 단순한 사랑과 그리움만으로는 형언할 수 없는 담백한 맛이 있다. 그 담백함의 밑바닥에는 보통 사람으로서는 견디기 어려웠던 고통스러운 역경이 있었다.

소년 시절에는 청백리 정신을 실천하는 부모님의 가치관으로 인하여 늘 물질적으로 비어 있는 삶을 살아야 했으며, 청년 시절에는 학생회장 경력으로 인하여 늘 감시의 눈초리를 벗어날 수 없었으며, 장년 시절에는 몸소 벌어들인 수익을 세계 곳곳을 누비며 나누어 주느라 시간을 비우는 삶을 살아야 했다. 나는 시인의 이와 같은 무소유 철학이 「하늘은 내게」라는 시에 함축되어 있다고 본다.

하늘이 내게 주고자 하는 것은
영광과 찬미가 아니며
고통과 번민을 통하여
또 다른 깨달음을 주고자 함이 아닐까

하늘이 내게 주고자 하는 것은
권세와 명예가 아니라
허약함과 초라함을 통하여
더 큰 영광을 주기 위함일 것이다

하늘이 내게 주고자 하는 것은
넘치는 사랑과 풍요함이 아니라
가난과 시련을 통하여
더 큰 주의 은혜를 주기 위함일 것이다

하여,
오늘의 아픔과 고통
번민과 나약함의 시련이
내일을 위한 영광의 찬미일 것이다

— 〈하늘은 내게〉 전문

이 작품에는 그의 실존이 자리 잡고 있다. 여기서 "하늘"은 개인의 삶을 움직이는 절대자로 보아도 좋을 것이다. 이 "하늘"은 개인에게 "영광과 찬미"만을 주는 것이 아니다. "고통과 번민" "허약함과 초라함" "가난과 시련" "번민과 나약함"을 제시한다. 그는 "하늘"이 이와 같은 고통스러운 삶을 주었다고 해서 원망하는 일이 없다. 그것들을 "하늘"이 주었다면 못 받아들일 이유가 없는 것이다. 여기에 그의 깊은 신앙심이 묻어난다. 그는 자신에게 주어진 상황을 긍정적으로 해석한다. 곧 “하늘”이 내린 고통이나 고뇌는 “깨달음”과 “영광”과 “은혜”를 내리기 위한 “하늘”의 선물인 것이다.

이렇게 볼 때 그는 자신에게 주어진 고통과 아픔과 시련을 영광과 은혜와 깨달음과 같은 반열에 두고 인간미가 있는 세계를 그려내는 데로 나아가는 것 같다.

폐허가 남긴
허기와 굶주림의 시절
내겐 거지 친구가 많았다

모정(母情)이 거둔 각설이 떼
때만 되면 줄을 이어 맴돌다
어머님의 손길이 스치면 눈처럼 녹아내린다

아이에서 어른까지
줄을 서 기다리는 그들의 모습에
어머님은 늘 바쁘시기만 하였고

명절에 입은 새 옷은
어느새 그들의 몸에 걸쳐있고
장난감과 학용품은 공동의 것이 되었다

노동과 구걸의 진리를 일깨워주신
어버이 덕에

새 삶을 찾은 누더기의 형은
먼 먼 훗날
나의 은인이 되었다

사랑과 배품의 씨앗이 남긴
훈훈한 정
어버이의 혼(魂)이셨다

— 〈모정이 남긴 씨앗〉 전문

소년 시절 시인의 아버지는 세무공무원이었다. 아버지는 일본 유학을 다녀와서 조세 행정법에 정통하신 분이었다. 그 때문에 중앙 행정부처에서 일해 달라는 섭외가 자주 들어왔다. 그러나 아버지는 서울로 갈 수 없었다. 그것은 6.25 동란 때 외가집인 해남으로 피난을 갔다. 3년이란 세월이 지나고 전쟁은 끝났으나 또 다른 어떤 상항이 올지 모르는 불안하고 어수선한 세상에 외할아버지의 고향을 떠나지 말라는 완고한 의지로 인함이었다. 그리하여 아버지는 전라도 지역을 돌아다니며 청백리로 살아갔다.

더구나 전쟁이 끝나자 해남과 강진 일대에도 무수히 많은 전쟁고아들이 늘어났다. 그들은 커다란 바가지나 깡통을 들고 집집마다 돌아다니며 구걸을 하며 살아갔다. 그러자 아버지는 매 월 봉급의 절반을 떼어 불우한 이웃인 양로원과 고아원을 돕는 데 썼다. 그럼에도 불구하고 그의 집에는 늘 걸인들이 들끓었다. 어느 때부턴가는 부모님의 선행에 관한 소문들이 전해지면서 40여 명이 넘는 걸인들이 집으로 모여

들었다. 그럴 때면 어머니는 큰 가마솥에 물을 붓고 가족을 위해 남겨둔 두세 그릇의 밥을 넣은 후 거기에 호박과 무를 잔뜩 넣어 죽을 만들어 걸인들을 먹였다. 나아가 시인의 옷가지와 학용품들이 걸인들의 손에 쥐어진 때도 많았다. 그로 인해 어린 시인이 투정을 하면, 어머니는 "너는 부모가 옆에 있으니 언제든지 필요하면 구할 수가 있지만, 저들은 부모가 없어 그럴 수 없다"면서 그를 달래기도 하였다. 이 걸인들 중에는 아버지께서 가르치신 야학으로 공부를 하여 훗날 행정부처나 재무부 공무원으로 이름을 날린 사람들이 많았다. 그 중 A씨 같은 인물은 훗날 시인의 은인이 되어 주기도 하였다.

시인이 삼십 대 젊은 나이로 사업을 시작하여 젊은 사업가로 명성을 올리고 있을 때 갑자기 세무사찰을 받게 되었다. 두 차례의 사찰에도 이상이 없다는 판단으로 정상적인 사업을 잘하고 있었다. 그러나 80년대의 신군부 정권이 들어서면서 세 번째 국세청 공무원들이 들이닥쳐 회사 장부를 몽땅 가져간 일이 있었다. 열흘이 지나도록 장부를 돌려주지 않자, 회사는 부도 직전까지 몰리는 상황이 벌어졌다. 장부를 빼앗겼으니 매일처럼 발생하는 은행의 결재자금이며, 대리점들에서의 수금 계획이며, 하물며 제품을 생산할 원자재 구입이며, 대리점들에 공급하여 소비자들에게 납품할 제품 생산까지도 어려운 지경이 되었다. 그러자 너무도 화가 난 시인은 국세청의 담당 사무실에 찾아가 책상 위의 기물들을 내던지며 항의했다. 그는 세금 제대로 내는 회사의 장부를 몽땅 가져가 회사 운영을 어렵게 하느냐며 흥분을 감추지 못하였다.

그때 어디선가 50대 가까이 되어 보인 A씨가 나타나 왜 그러냐며 사태의 심각성을 본 그분은 시인을 자신의 사무실로 데려갔다. A씨는 무슨 일로 그러냐며 저간의 사정을 물었다. 그리고 관련 담당 직원들을 불러 이야기를 나누는 순간이었다. 뜻하지 않는 상황으로 회사의 어려움과 국세청의 월권적 행위에 대한 불만을 토하는 순간이었다. 그때 시인은 잠시 아버지 이야기를 하느냐 마느냐로 고민하였다. 잘못하였다간 아버지 이름에 먹칠을 할 수도 있었기 때문이었다. 한참의 망설임 끝에 시인은 자신의 아버지도 세무 공무원이었음을 밝히면서, 자신의 잘 못이 있으면 밝히라고 당당히 따졌다.

그러자 A씨가 아버지 성함을 물었다. "정 **"라고 말하자, A씨의 안색이 순간적으로 창백해지면서 시인을 손을 꼬옥 잡는 것이었다. 그러면서 하는 말이 "제가 바로 그 어린 시절 아버님께서 가르쳐 주신 야학으로 공부했던 A올시다"하는 것이다. 그리고 하는 말이 우리 직원들이 아무리 살펴보아도 흠 잡을 곳이 없더라고 하더라며 당장 서류를 다시 돌려보내겠으니 돌아가서 기다리라고 하였다. 그리고 그 다음날로 회사 서류가 다시 돌아왔다.

나중에 알고 보니 A씨가 시인의 회사 회계에 하자가 있으면 자신이 사표를 쓰겠노라고 서약서를 쓴 후 회사 장부들을 다시 돌려보냈다는 것이다. 사실인즉 정치적인 압박에 의한 사찰이었다.

이 일화를 들여다보면 「모정이 남긴 씨앗」에 담긴 "거지 친구" 얘기가 상당히 선명하게 다가온다. 이는 시인의 가치관을 엿볼 수 있게 한다. "거지 친구"에 대한 부모님의 보살핌은 시인에게 평생을 이어가는 인간미로 각인되었던 것이다. 그런 부모님의 영향으로 인하여 시인은 평생 이웃 사랑을 몸소 실천하고 있다. 그의 시 전반에 걸쳐 "사랑"이라는 인간미가 숨어 있음을 부인할 수 없는 이유가 여기에 있다.

3. 청년 시절 : 고통스러운 삶을 극복하며

시인의 시에는 비가 온 뒤의 맑아진 숲을 보는 정결함이 엿보인다. 그의 시에서 삶의 질곡을 헤쳐 나오는 데 필요한 여유와 안온함이 보이는 것은 정치권력의 탄압으로 단련된 기개가 형성되어 있기 때문이다. 그래서 그의 시를 보면 여유와 안온함이 보이는데, 이는 탄압으로 받은 고통을 극복하는 슬기를 그 밑바닥에 감추고 있음을 부인할 수 없게 한다.

시인이 이제껏 살아오면서 고통과 역경을 이길 수 있었던 힘이 있었다. 그것은 시인에게 "당신"이 있었기 때문이었다. 시인에게 "당신"은 고통을 함께 짊어지면서 희망을 주는 존재다. 그리하여 "당신"이 주는 것이라면 시인은 그 길이 아무리 힘들더라도 끝내 걸어가고 만다. 그만큼 "당신"은 시인에게 절대적인 동반자 역할을 한다.

하루하루가 버거워 고갤 떨구고 있을 때
살며시 다가와 웃음 주던 당신

해야 할 일 앞에 망설이고 서 있을 때
힘내라며 용기 주던 당신이

시련과 두려움 앞에 떨고 있을 때
할 수 있다며 자신감 안겨주던 당신이

불평과 불만으로 원망하고 있을 때
너그러운 마음으로 이해심 일깨워준 당신

아침 햇살에 새싹이 돋듯
소망과 슬기를 가르쳐준 당신이

내 작은 가슴에 보석처럼 빛나는 은혜의 별들이
은하수로 쏟아진
당신의 고귀한 사랑을 가졌음에
행복하였네라
그리고 또
행복, 행복하였네라

— 〈행복하였네라〉 전문

시인의 삶을 되짚어 보면 수차례의 정치적인 탄압, 십여 차례의 구금, 수십 차례의 고문 등을 어떻게 감당하였는지 도저히 이해가 안 될 때가 많이 있다. 그만큼 시인은 보통 사람으로서는 감당하기 어려운 삶을 살았다.

청백리인 아버지로 인하여 어린 시절에 걸인이 아니면서 걸인처럼 살았던 시인은 4년 동안 전액 장학생으로 선발되어 K대에 들어갔다. 그는 대학 3학년 때 행정고시에 합격할 만큼 수재였으나, 숙명은 그를 전혀 다른 길로 내닿게 하였다. 벚꽃이 교정에 흐드러지게 피던 어느 날 〈교양 국어〉 시간이 끝나자 조병화 시인이 그를 연구실로 불렀다. 리포트로 낸 시를 보니까 상당히 글재주가 좋다며 대학신문사 주간이 되어 보라는 것이었다.

그렇게 추천받아 주간을 맡으면서 그는 사설을 줄곧 발표하였는데, 그것이 매우 진보적인 글들이어서 정부의 제제를 받게 되었다. 가끔씩 형사와 중정에서 찾아와 그에게 용공분자 취급을 하고 있었다. 그렇다고 시인이 그의 논조를 바꿀 수는 없었다. 그의 칼럼이 학생들의 지지를 받아서인지 훗날 그는 뜻하지 않게 학생회장이 되었다. 그리하여 그는 타 대학 학생회장들과 함께 민주화를 향한 학생운동을 펴기도 하였다. 그렇게 해서 시작된 것이 강제 구금과 모진 고문과 군 강제 입대 등의 고통이었다. 군대를 제대하고 나자 닥친 것은 용공 분자라는 신분으로 낙인이 찍힌 것이었다.

그는 정부에서 실시하는 각종 고시에도 합격하였으나 모두 취소되었을 뿐만 아니라 대학을 졸업하고도 취직이 제대로 되지 않았다. 수십 차례의 도전 끝에 항공사인 H그룹에 합격하여 입사를 하였으나 용공분자란 딱지가 끝까지 따라다녔다. 그는 직장인으로서 가정을 돌보며 열심히 살아가고자 하였다. 1년 6개월이 지나 대리로 승진한 후 다시 과장으로 발령받아 해외지사 파견 특명을 받았다. 그러나 억울하게도 용공분자는 적색분자라 하여 해외여행에 제한을 받고 있었기 때문에 나갈 수가 없었다.

이와 같은 사실이 회사에 알려지자 그는 더 이상 회사에 머물 수가 없었다. 그는 용공분자가 분명 아닌데도 불구하고 정치권력은 그를 용공분자로 낙인찍었다. 그리하여 그는 어려운 여건에서도 자신을 믿고 보살펴준 회장과의 의리를 저버리고 퇴직한 후 여러 사업을 하였으나, 그때마다 관계기관에서는 '용공분자'라는 딱지를 붙여 탄압을 하였다. 그와 같은 탄압에도 불구하고 그가 버틸 수 있었던 것은 바로 "당신"이 있기 때문이었다. 당신은 어려운 고비마다 고통을 같이 짊어지시겠다며 사랑으로 다가왔다.

"내 작은 가슴에 보석처럼 빛나는 은혜의 별들이/ 은하수로 쏟아진/ 당신의 고귀한 사랑을 가졌음에/ 행복 하였네라". 그리하여 당신은 빛과 어둠, 희망과 고통을 함께 감당하라며 대신 짐을 짊어지셨고, 시인에게 활력을 주었다. 그 "당신"은 시인이 어려운 고비를 넘어설 수 있는 최대의 원천이었다.

4. 장년 시절 : 당신의 사랑을 실천하며

시인의 시 제재는 먼 데 있지 않다. 바로 일상 가까이에서 개인을 빼꼼히 들여다보는 듯 한 느낌을 받는 것은 그의 시가 일상에서 벌어지는 깊은 풍미를 다루고 있기 때문이다.

그리하여 화자는 일상과 노닐고 일상과 대화한다. 그 일상에는 베풂의 미학이 그윽하게 자리 잡고 있다. 그것은 아름다운 풍미와 역경을 이겨낸 슬기가 혼합되어 사랑과 여유 등의 인간미로 나타난다. 그는 청장년 시절에 무역업을 하면서 대한민국에 민주화와 근대화가 이루어져 감을 실감하였다. 그때 그는 자신이 무엇을 해야 할 것인가 하는 진정성을 모색하였다.

그리하여 그는 학생운동 위주의 사회 활동에서 벗어나 새로운 전환을 모색하였다. 그것은 바로 어릴 적 아버지가 심어 준 이웃 사랑의 인간미였다. 그것은 "당신"의 사랑이 되어 그의 장년시절까지 따라왔다. 그는 "당신"의 사랑을 실현할 길이 무엇인가를 모색하였다. 그것은 구체적인 실천으로 나타났다.

그는 무역업을 하면서 세계 곳곳을 누빌 때마다 그 지역의 대학을 매 번 방문하였다. 그때마다 그는 대학 도서관에 중국이나 일본의 서적들은 어느 정도 구비되어 있는데, 한국의 서적들은 찾기가 어려웠다. 그는 미국에 가서도 각 주의 유명 도서관에 일본과 중국관은 별도로 비치된 곳이 많은데, 한국관은 물론 한국의 도서가 거의 없는 것을 보고 안타까움을 금치 못하였다. 그리하여 시작한 것이 한국 서적 보급 운동과 세계 한민족 도서관 건립 운동 등의 활동이었다.

그는 어린 시절부터 남달리 애국애족에 대한 사랑이 강했다. 그가 평생 실행해 온 사랑의 결실이 바로 해외교포들에게 태극기와 무궁화 묘목 및 사진 보내기 운동(1973~2018), 해외 대학 및 유명 도서관에 우리책 보내기 운동(1983~2017), 세계 한민족 도서관 건립 운동(2001~2017), 밀레니엄 문화 예술 전시회(2005년) 등으로 해외 활동을 해 왔다. 더욱이 우리의 문학을 세계에 알리고자 자신의 시를 외국어로 번역하여 전권을 '한영대역시집'으로 발행함으로서 전 세계에 소개되고 일부 대학에서 한국문학의 교재로도 사용하고 있다.

그리고 국내에서는 2005년부터 2013년까지 문예부흥운동지 〈문예사랑〉 문예지를 매호 5만 권씩 34호까지 발행하여 전국에 보급하였다. 또한 각 기업과 대학을 비롯한 복지관에서 문학 강의를 통하여 수많은 우리 국민 모두가 책사랑 글사랑을 통하여 인간성회복운동을 펴기도 하였다. 이와 같은 활동은 그의 시에서도 많은 흔적을 보이고 있다.

지구촌 구석구석 널려 있는
세기의 도서관들엔
저마다의 민족의 뿌리 난무한데
오천년의 한민족 얼은 찾을 수가 없다

내,
그토록 바라던 무언(無言)의 희망이었건만
글을 읽지 않는 민족의 책
꽂아서 무엇 하냐는 핀잔 속에

뜻을 세워 뿌려 온
반평생 고난의 씨앗들
세기의 곳곳에 꽃향기로 넘쳐나

한민족의 혼(魂)으로 솟구친다

건곤감리(乾坤坎離) 태극기
세계의 하늘 펄럭이며
의지로 엮어낸 일생의 집념 하나
이제는 우리 코너 만들어 놓고
책 보내 달라 아우성이다

뜻있는 자 믿음이 만든
조국의 얼(魂)
세세만년 꽃피고 향내 뿜어
열매로 뿌려진다

— 〈집념의 씨앗〉 전문

"뜻을 세워 뿌려 온/ 반평생 고난의 씨앗들/ 세기의 곳곳에 꽃향기로 넘쳐나/ 한민족의 혼(魂)으로 솟구친다"와 같이 그는 세계에 한민족의 혼을 심으려는 운동을 지속적으로 해왔다. 이는 그를 고난의 가시밭길과 함께 영광의 자리로 이끌었던 "당신"에 대한 고마움에서 빚어진 결과라고 보아도 좋을 것이다. 그리하여 그는 평소에 모든 사람들이 느껴왔던 것처럼 진정한 인간미가 넘치는 사람임을 다시 한 번 들여다보게 한다.

세월의 허무가
영육(靈肉)의 자유를 묶고 늙게 하여
어쩔 수 없는 선택의 길

요양병원에 모셨다

'여기가 어디냐
왜 내가 여기 있다 더냐
자식이 나를 여기에 버렸다'는
원망스런 노여움의 한 마디

자식의 가슴엔
통곡의 절규가 소나기로 퍼붓고
소리 없는 울부짖음은 지축을 흔든다

마지막 남은여생(餘生)
후회 없는 효(孝)를 다짐하지만
마음 따로 행동 따로
뒤늦은 후회가 무슨 소용일까

영원토록 사랑의 모습 함께 하고 싶지만
이제 고아가 되어버린 어리석은 자식은
하느님의 좌중에 편히 잠드시라는 기도문 뿐
소리 없는 흐느낌은 깊은 여진(餘震)으로만 떨고 있다

— 〈회한(悔恨)의 벽〉 전문

이 작품에는 시인이 효를 실행해야 하는 이유가 잘 나타나 있다. 그것은 자신을 평생토록 이끌어온 "당신"의 섭리로 인한 것이었다. "당신"은 어린 시절 인간미가 넘치는 부모를 통하여 나타났고, 청년 시절에는 고통을 함께 짊어지며 동반의 길을 걸어 주셨다. 그리고 장년 시절에는 "당신"이 베풀

었던 사랑에 보답하며 그 사랑을 실현하는 데에로 나아갔다. "당신"이 있기에 시인은 외롭지 않았으며, 고통과 영광의 길을 함께 걸을 수 있었다. "당신"은 시인의 현재가 있게 한 실존이었던 것이다.

5. 영원으로 가는 "당신"

시인의 시에서 그 도달점은 숭고함에 가 있다. 그의 숭고함은 높고 고귀한 데에만 있지 않다. 낮고 소외된 존재가 가지고 있는 아픔과 고통은 활력이 되어 다시 일어선다. 그것은 높음과 낮음, 희망과 고통, 사랑과 원망, 빛과 어둠이 실재에서 일어나 숭고의 자리로 일어선다. 그리하여 순결의 정수기로 여과된 상황은 순수의 세계로 거듭나게 된다.

여리고 여린 떡갈잎으로 온 화신(花信)
따갑고 아슬한 태풍을 견뎌온 네가
울긋불긋 색동옷 갈아입고
님 맞으려는가

푸르름의 용기와
나이테로 굵어진 세월도
찬 서리 바람의 무게를 견디지 못하고
또 다른 삶을 준비하는가

뒹굴고 밟히면서도

화려함과 쓸쓸함의 자존을 앞세운 넌
깊은 사색의 늪과 감성의 진리를
일깨우는 극치다

— 〈낙엽〉 전문

“여리고 여린 떡갈잎으로 온 화신(花神)/ 따갑고 아슬한 태풍을 견뎌온 네가/ 울긋불긋 색동옷 갈아입고/ 님 맞으려는가. 시인의 삶은 외면적으로 보면 매우 고달프고 고통스러운 것이었다. 그러나 그 내면을 들여다보면 고통과 함께 희망이 있고, 어두움과 함께 밝음이 있으며, 소외와 함께 사랑이 있다.

이와 같은 양면성은 시인의 삶이 실재-진실이 있다고 가정된 세계-에 있음을 알게 한다. 시인이 고통을 고통으로 알기보다는 반드시 거쳐야 할 삶의 한 부분이라며 긍정적으로 생각하는 것은 시인을 움직이는 존재가 있기 때문이다. 그 존재는 때론 ‘아버지’ 등의 타자(주체와 다른 모습을 한 주체의 닮은꼴)로서, 때론 주체의 실체로서 주체를 움직이는 절대적인 힘을 가지고 있는데, 시인의 시집에서 가장 비중 있게 다루어지는 “당신”이 그 역할을 하고 있다. 이 작품에서 “낙엽”은 그 “당신”의 일부가 될 것이다. 여기서 낙엽은 떨어져 소멸하는 것이 아니다. 그보다는 또 다른 세계로 나아가는 존재이다.

그것은 순간이 아닌 영원으로 나아가는 삶이며, “당신”의 진정성을 만나는 시선이다. 나는 시인으로부터 그의 지나온 삶을 들으면서 "당신"을 발견할 수 있었다. 이 "당신"이 없었다면 아마도 시인의 현재는 없었을 것이다. 시인에게 활력을 주고 동반자의 길을 걸어 준 당신에게 끝없는 찬사를 보낸다.

▌시인 약력 : 정찬우(鄭燦宇)

- 학력

경희대학교 경영대학 경영학과 졸업
서울대학교 경영대학원 졸업
중앙대학교 국제경영대학원 졸업

- 경력

현우트레이딩(주) 대표이사
도서출판 밀레 대표이사
(사)한국수입협회 이사역임
(사)한국수입협회 문화예술위원장 역임
(사)한국수입협회 부회장 역임
(사)한국수입협회 자문단의장
밀레니엄문학회 회장
(사)세계한민족 책사랑 무궁화협회 이사장
살레시안 연합회 부회장
한국민족문학회 부회장
(사)한국문인협회 저작권옹호위원
월간문학 편집위원
(사)한국문인협회 이사 역임
(사)한국문인협회 감사
(사)한국현대시인협회 중앙위원
(사)한국현대시인협회 이사, 기획위원
(사)국제펜클럽한국본부 이사, 감사 역임
(사)국제펜클럽한국본부 자문위원
KOIKA CEO 합창단 단장
(사)서울오라토리오 합창단 단원
(사)난파합창단 단원
경희동문합창단 단원

- 수상

부원문학상, 한국민족문학상, 탐미문학상, 문학21문학상
에피포도문학상(미국)

• 저서

「다국적 기업의 다국적 마케팅 전력」

「한국의 플렌트 수출 전략」

• 논문

「한국기업의 중국투자 진출에 관한 연구」

「한국의 중남미 전출 전략」 등 다수

• 시집(한 · 영 대역시집)

「내 영혼의 하얀 미소」

「내게 사랑 하나 있네」

「꽃으로 선 당신」

「가끔은 이런 날이」

「황홀한 여정」

「하늘은 내게」

About the Author : Chan Woo Chung, Poet

- Education ;
  - BA ; College Business Administration, Kyunghee University, Seoul
  - MBA ; Graduate School of Business Administration Seoul National University
  - MBA ; Graduate School of International Management Chung Ang University, Seoul

- Experiences ;
  - President of Hyun Woo Trading Co., Ltd.
  - President of the Mille Publishing Company
  - Censor, former Trustee of Korea Importers Association(KOIMA)
  - Director of the Culture and Arts Committee of Korea Importers Association(KOIMA)
  - Former Vice President of Korea Importers Association(KOIMA)
  - Chairman of Consultant Committee of Korea Importers Association(KOIMA)
  - Chairman of the Society of Millennium Literature in Korea
  - Chairman of the Association of Book love and Hibiscus Syracuse of Korea People in the World
  - Vice President of the Federation of the Korean Salesians
  - Vice President of the Association of Korea National Literature
  - Member of the Copyright Protection Committee of the Korea Writer's Association
  - Trustee former of Korea Writers Association
  - Censor of Korea Writers Association
  - Central Committee of the Association of Modern Poets in Korea
  - Trustee, Committee of Planning Association of Modern Poets in Korea
  - Former Trustee and Censor of International PEN Korea Headquarters
  - Consultant member of International PEN Korea Headquarters
  - Director of KOIMA CEO Chorus

- Members of the Seoul Oratorio Chorus
- Members of Nanpa Chorus
- Members of Chorus KyungHee University Alumni

• Literary Prizes ;
- The Boowon Literature Prize
- The Korea National Literature Prize
- Tahmee Literary Prize
- Literature 21 Prize
- Epipodo Literary(U.S.A.)

• Books ;
- Marketing Strategies of Multinations Enterprises
- The Strategies of Export of Korea, and Others

• Articles ;
- A Study of Investment in China
- A Study of Investment in Middle and South Americas

• Korean-English Collection of Poems ;
- *The Write Smile of my Soul*
- *There is a Love Me*
- *You Stand Like A Flower*
- *Sometimes This Day*
- *A Fascinating Journey*
- *The Heaven Is To Me*

번역자 약력 : 최홍규(崔鴻圭)
영문학 박사, 문학 석사, 문학사, 디프로마

시인, 수필가, 문학평론가, 번역가 영어, 불어, 독어에 능통함

• 학력
중앙대학교 인문대학 교수, 명예교수
미국 하버드대학, 예일대학 풀브라이트 교환 교수
영국 케임브리지대학, 런던대학(UCL) 객원교수
프랑스 파리대학(소르본대) 연구교수
독일 뮌헨대학 초청교수

• 경력
한국문학과 종교학회장 한국번역문학회장
한국농민문학회장, 한국문인협회 문인복지위원
한국문인협회 해외문학 발전위원
국제 PEN 한국본부 이사
국제교류위원 한국시인협회 상임, 중앙위원

• 수상
에피포도 영시 문학상, PEN 번역 문학상
헤밍웨이 문학상, 황조근정 훈장

• 저서 : 번역
톰 존스의 모험 ; 헨리필딩
허영의 시장 ; 윌리엄 메이크피스 쌔커리 윌리엄 워즈 워스의 명시선
로버트 브라우닝의 명시선
정찬우 시집 ;「내 얼굴의 하얀미소」외 4권

About the translator : HONGKYU A. CHOE

PhD, MA, BA, Dip, Certif

- Poot Essayist, Literary Critic, Translator
- Being proficient in English, French, and German
- Professor, Professor emeritus; Chung-Ang University, Seoul Korea

• Fullbright Exchange Professor ;
  - Yale University, Harvard University, USA Visiting Professor
  - University of Cambridge, University of London (UCL), UK Research Professor
    Invited Professor
  - University of Paris (Sorbonne), France
  - Munchen University, German

• President ;
  - The Korea Society for Literature and Religion
  - The Association of Translation Literature of Korea
  - Promotion Member of the Overseas Korea Literature of the Korea Writers Association
  - The Nongmin Literature Society of Korea
  - Committee of Welfare the Korea Writers Association ;
  - International PEN Korea Center ;
  - The Korea Poet's Association ; Standing Committee Member
  - "Epi-podo Award (English Poems, USA)
  - PEN Translation Award (Korea Center)
  - Hemingway Literary Award (Korea)
  - The Order of National Public Service Merit
  - Whangio Geunjeong Hunjang of the Republic of Korea

• Translator ;
  - Tom Jones by Henry Fielding
  - Vanity Fair by William Makepeace Thackeray
  - Selected poems by William Wordswoth
  - A Fascinating Journey by Chan-Woo Chung and fifteen book

하늘은 내게

The Heaven Is To Me

지 은 이 | 정차우
펴 낸 이 | 정찬우
펴 낸 곳 | 도서출판 밀레
주　　소 | 서울 서초구 효령로 53길 18, 210호
(서초동 석탑오피스텔)
TEL : (02)588-4671~2
FAX : (02)588-4673

등　　록 | 2004년 12월 15일 제2-4078호
발 행 일 | 2021년 01월 15일

값 13,000원
ISBN 978-89-97815-27-2